Consciência e memória

Consciência e memória
Débora Morato Pinto

FILOSOFIAS: O PRAZER DO PENSAR
Coleção dirigida por
Marilena Chaui e Juvenal Savian Filho

São Paulo 2013

Copyright © 2013, Editora WMF Martins Fontes Ltda.,
São Paulo, para a presente edição.

1ª edição *2013*

Acompanhamento editorial
Helena Guimarães Bittencourt
Revisões gráficas
Letícia Braun
Márcia Leme
Edição de arte
Katia Harumi Terasaka
Produção gráfica
Geraldo Alves
Paginação
Moacir Katsumi Matsusaki

Dados Internacionais de Catalogação na Publicação (CIP)
(Câmara Brasileira do Livro, SP, Brasil)

Pinto, Débora Morato
    Consciência e memória / Débora Morato Pinto. – São Paulo :
Editora WMF Martins Fontes, 2013. – (Filosofias : o prazer do
pensar / dirigida por Marilena Chaui e Juvenal Savian Filho)

    ISBN 978-85-7827-629-4

    1. Consciência 2. Filosofia 3. Memória I. Chaui, Marilena. II.
Savian Filho, Juvenal. III. Título. IV. Série.

12-11800   CDD-126

Índices para catálogo sistemático:
    1. Consciência e memória : Filosofia   126

Todos os direitos desta edição reservados à
Editora WMF Martins Fontes Ltda.
Rua Prof. Laerte Ramos de Carvalho, 133 01325.030 São Paulo SP Brasil
Tel. (11) 3293.8150 Fax (11) 3101.1042
e-mail: info@wmfmartinsfontes.com.br http://www.wmfmartinsfontes.com.br

SUMÁRIO

Apresentação • 7
Introdução • 9

1 Consciência e pensamento na Modernidade:
o primado da representação • 17
2 A via moderna: representação e recordação • 24
3 O pensamento contemporâneo e a consciência
como memória • 35
4 Conclusão • 60

Ouvindo os textos • 63
Exercitando a reflexão • 75
Dicas de viagem • 93
Leituras recomendadas • 99

APRESENTAÇÃO
Marilena Chaui e Juvenal Savian Filho

O exercício do pensamento é algo muito prazeroso, e é com essa convicção que convidamos você a viajar conosco pelas reflexões de cada um dos volumes da coleção *Filosofias: o prazer do pensar*.

Atualmente, fala-se sempre que os exercícios físicos dão muito prazer. Quando o corpo está bem treinado, ele não apenas se sente bem com os exercícios, mas tem necessidade de continuar a repeti-los sempre. Nossa experiência é a mesma com o pensamento: uma vez habituados a refletir, nossa mente tem prazer em exercitar-se e quer expandir-se sempre mais. E com a vantagem de que o pensamento não é apenas uma atividade mental, mas envolve também o corpo. É o ser humano inteiro que reflete e tem o prazer do pensamento!

Essa é a experiência que desejamos partilhar com nossos leitores. Cada um dos volumes desta coleção foi concebido para auxiliá-lo a exercitar o seu pensar. Os temas foram cuidadosamente selecionados para abordar os tópicos mais importantes da reflexão filosófica atual, sempre conectados com a história do pensamento.

Assim, a coleção destina-se tanto àqueles que desejam iniciar-se nos caminhos das diferentes filosofias como àqueles que já estão habituados a eles e querem continuar o exercício da reflexão. E falamos de "filosofias", no plural, pois não há apenas uma forma de pensamento. Pelo contrário, há um caleidoscópio de cores filosóficas muito diferentes e intensas.

Ao mesmo tempo, esses volumes são também um material rico para o uso de professores e estudantes de Filosofia, pois estão inteiramente de acordo com as orientações curriculares do Ministério da Educação para o Ensino Médio e com as expectativas dos cursos básicos de Filosofia para as faculdades brasileiras. Os autores são especialistas reconhecidos em suas áreas, criativos e perspicazes, inteiramente preparados para os objetivos dessa viagem pelo país multifacetado das filosofias.

Seja bem-vindo e boa viagem!

INTRODUÇÃO
A consciência é mais que pensar; a memória é mais que lembrar

A cultura do século XX tem uma ligação íntima com a ideia de consciência. Ao pensarmos em nós mesmos e em nossa relação com o mundo que nos cerca, é muito comum deslizarmos para essa noção.

"Tenho consciência das coisas..."

"Minha consciência me diz..."

"Não posso agir contra minha consciência!"

Essas frases são muito corriqueiras.

A própria crença de que somos dotados de uma forma de relação muito particular com nosso "eu" ou nossa "pessoa" está envolvida numa confiança permanente no fato de que somos dotados de consciência.

O "ter consciência" é, além disso, associado muito frequentemente ao fato de possuirmos algo como um "mundo" de ideias, sentimentos, desejos e imagens íntimas e privadas, um "reservatório" secreto de vivências em que podemos mergulhar sempre que tivermos ocasião.

Também é muito próprio ao cenário da cultura contemporânea valorizar extremamente a capacidade de tomar decisões livres e autônomas, através da reflexão e da consideração de nossos pensamentos e da história da nossa vida. A liberdade, valor quase universal no Ocidente, está intimamente ligada ao que é parte considerável daquilo que tomamos como nossa consciência, o conjunto de fatos que nos pertencem, constituindo nossa interioridade ou nossa subjetividade.

Isso significa que termos de significados bem próximos – como consciência, subjetividade, interioridade – são pensados de forma muito semelhante à autoconsciência, envolvendo uma referência a si, geralmente uma relação racional e interior consigo mesmo. E essa relação está baseada, por sua vez, no fato de que podemos nos lembrar daquilo que vivemos, aprendemos e conhecemos.

Desse modo, a crença de que somos dotados de consciência está sustentada na confiança que adquirimos em nossa capacidade de pensar, de refletir e de organizar nossas ideias, o que, por sua vez, exige a sustentação dada por nossa memória. Alguém que não pode se lembrar do que viveu, viu, ouviu e adquiriu como aprendizado não pode tomar decisões, não exerce sua atividade consciente. Isso é uma generalidade amplamente aceita como verdade.

A Filosofia, ao longo de sua história, conferiu cidadania ao conceito de consciência. Na verdade, essa noção passa a ocupar papel essencial na definição do ser humano a partir do advento da Modernidade. Entretanto, desde sua origem, a Filosofia pensa uma instância eminentemente humana através da qual o conhecimento verdadeiro se realiza e promove a vida social e coletiva. No pensamento grego, encontramos essa instância no ancestral da consciência, ou seja, a noção de alma, e é significativo que a capacidade humana de conhecimento seja descrita por meio de um vocabulário que envolve a reminiscência, o esquecimento e a dimensão racional da alma.

Assim, o termo da filosofia grega para definir a verdade compõe-se do prefixo *a*, que indica negação, e do termo *léthe*, que significa "esquecimento". A relação com a verdade passa, portanto, pelo ato de lembrar-se, de recuperar o esquecido pela lembrança. A verdade, *alétheia*, é o "não esquecido".

Também fazem parte desse cenário dois termos gregos ligados à memória: *anámnesis*, "lembrança" ou "recordação", e *mnemosýne*, "reminiscência". Nos textos de Platão (428-348 a.C.), podemos constatar a importância desses termos, uma vez que ele mobiliza a noção de reminiscência para explicar o fundamento do conhecimento. Nossa alma pode ver o oculto, encontrar o perdido, recuperar o esquecido, as ideias que contemplou e das quais se esqueceu ao encarnar-se num corpo. Conhecer, ato supremo da racionalidade ocidental, é, desde a origem do pensamento filosófico grego, intrinsecamente associado à memória.

A noção de consciência propriamente dita tem um parentesco com a alma grega, passando a substituí-la paulatinamente ao receber determinações bastante diferentes. É curioso, se considerarmos essas diferenças, que a memória venha retomar seu lugar na reflexão sobre o conhecimento humano a partir de um novo quadro conceitual – o da filosofia contemporânea. Há uma espécie de retorno, já que a consciência na Modernidade definiu-se por algumas características que podem assim ser sintetizadas: a nossa capacidade de pensar, que significa ter ideias e raciocinar, depende de uma autoconsciência que acompanha nossa atividade de reflexão. É por essa relação a si que a consciência se percebe permanente e constitui um conhecimento objetivo sobre o mundo e sobre si mesma.

Nesse contexto, é evidente a identificação entre consciência e pensamento e a descrição do pensamento como atividade de representação, produção de ideias. Parte do esforço dos filósofos da Modernidade concentrou-se em determinar a consciência como forma do pensamento, faculdade ativa que implica a racionalidade humana e suas mais refinadas capacidades de conhecimento. Essa caracterização passou das noções de alma e espírito aos conceitos de mente e consciência, e trouxe a reboque a definição do ato de reconhecimento como suporte de nossa atividade mental.

Isso quer dizer que a consciência foi identificada com a atividade racional de representar o mundo por meio das ideias, da composição de noções simples que retornam à mente por esforço voluntário e da reflexão que a própria atividade mental, por vezes chamada de "entendimento", pode exercer ao examinar-se a si mesma. Em complemento fundamental a tais prerrogativas da consciência, a memória foi identificada ao ato de recordação, à faculdade de evocação das ideias anteriormente adquiridas para o esclarecimento e a composição daquilo que percebemos e pensamos num momento qualquer de nossa vida.

Boa parte dessa explicação confia profundamente em nossa racionalidade e em nosso bom senso, considerando que o conhecimento intelectual é o modelo de funcionamento da consciência – todo o resto da sua atividade seria realizado como conhecimento incompleto ou em menor grau de perfeição. E é justamente o questionamento radical desse modelo que inaugura linhas de pensamento no âmbito da filosofia contemporânea: a consciência não se define essencialmente por sua atividade de conhecimento; ela tem dimensões passivas, fluidas e inseparáveis da ação e da vida, eis o que dizem alguns pensadores dos últimos dois séculos.

A consciência chega mesmo a ser tomada como dimensão essencial da vida, numa coexistência que amplia sobremaneira o sentido dessa noção. Ampliação que acarreta, por exemplo, a compreensão de que a consciência não pode ser compreendida sem sua imersão no mundo, como corpo vivo em luta, e sem a análise do seu outro, de um inconsciente. Essa via de reflexão filosófica recebeu profunda influência dos avanços da Biologia, da Física e da Psicologia nos séculos XIX e XX.

Vejamos como se dá esse contraste entre concepções divergentes a respeito da consciência, levando em conta que a superação da imagem moderna se dá pela descoberta de sentidos mais profundos do pensamento, de sua efetividade no tempo e da retomada de uma dimensão da subjetividade que ocupa a cena da cultura do final do século XIX – a memória.

1. Consciência e pensamento na Modernidade: o primado da representação

1. A consciência e a razão

A Modernidade cravou raízes profundas na cultura ocidental. No início do século XXI, ainda somos muito influenciados por valores que, mesmo em crise, continuam a pautar nossas ações e crenças. A autonomia e a liberdade da consciência, sobretudo considerada por seu viés individual, é um desses valores. E é na filosofia do século XVII que encontramos as raízes de nosso apego à consciência como base e garantia da liberdade individual. Se nos perguntamos "quem somos nós, a humanidade moderna?" a resposta encaixa-se, ainda que com variações, na eleição da racionalidade objetiva como porto seguro do conhecimento e da ação. Via de regra, acreditou-se firmemente, pelo menos ao longo de três séculos, que somos seres primordialmente pensantes, isto é, dotados de uma propriedade essencial pela qual podemos decidir sobre nossas vidas, construir nossa felicidade e dominar o mundo.

Retomemos aqui o filósofo paradigmático da racionalidade moderna, René Descartes (1596-1650). O famoso *cogito* formulado em suas investigações metafísicas sintetiza exemplarmente a identificação entre razão, conhecimento e consciência. Com efeito, ao afirmar "penso, logo existo", sua filosofia expressou uma certeza adquirida por esforço supremo da razão. Mais que isso, a certeza de que somos seres de pensamento, acompanhada de uma profunda desconfiança em relação aos dados que nos chegam através dos sentidos, iniciou, para a Filosofia, um caminho sem precedentes na história. Uma via em que a subjetividade passa a ser compreendida como essencialmente mental, representativa, dotada de ideias que podem ser depuradas, examinadas e encadeadas para produzir um conhecimento verdadeiro, infalível, capaz de assegurar-nos o poder sobre a Natureza e seus fenômenos, sobre nossas ações e nossas paixões, sobre a nossa vida individual e coletiva. A lição maior da filosofia moderna é a valorização da subjetividade racional, produtora de conhecimento, base e fundamento de uma nova objetividade científica cuja forma e estruturação serão encontradas em seus próprios modos de raciocínio.

2. Conhecer é ter ideias verdadeiras

A confiança de Descartes no pensamento é reafirmada no trajeto pelo qual ele pretende chegar ao conhecimento objetivo do mundo, à afirmação de que o mundo existe (ou seja, de que não é mera ilusão ou engano) e de que somos capazes de conhecê-lo: ele o faz pelo exame detalhado daquilo que necessariamente está presente na mente: as ideias e noções comuns.

Seu trajeto, começando pela capacidade de refletir sobre os conhecimentos que possuía, submetendo-os intencionalmente a um processo de dúvida radical, acaba por colocar em questão a certeza sobre a existência de todas as coisas, até encontrar algo de que não pudesse duvidar, que resistisse a todo e qualquer argumento. Encontrou uma ideia, isto é, um conteúdo do seu pensamento cuja propriedade essencial era a de referir-se a um objeto, restando saber se esse objeto exibido na ideia existia ou não. A ideia é uma entidade mental que representa algo, apresenta um conteúdo à mente. Ele deparou com a ideia de seu próprio eu, mas o eu que pensa tendo ideias. Tudo se passa como se tivesse encontrado um espelho mental, no qual refletia seu próprio pensamento, numa ideia de "eu pensante". É assim que Descartes refunda o conhecimento, analisando aquilo que aparece à sua consciência.

Vemos então que o seu passo decisivo para desenvolver uma filosofia da representação está na confiança no fato de que existem elementos da mente, as ideias, e isso está garantido na medida em que elas são partes da "coisa" de cuja existência estamos mais certos: o nosso pensamento.

Descartes fez uma importante distinção para o porvir da teoria do conhecimento nos séculos XVII e XVIII: a certeza de que temos ideias não se identifica necessariamente com a certeza de que os conteúdos representativos dessas ideias existam fora delas. Em outros termos, porque é absolutamente certo e seguro que pensamos e somos dotados de consciência ou de mente, é certo também que possuímos ideias, elementos mentais que se parecem com imagens do mundo, mesmo que não possamos ter certeza de que esse mundo existe, nem de que ele seja como tais imagens o exibem. Em suma, as ideias, verdadeiras ou falsas, tomadas como cópias ou decalques mentais da realidade, constituem o conteúdo dessa atividade que definiu nossa existência soberanamente, o pensar.

A garantia da veracidade de outros conhecimentos, para além do eu pensante, será obtida pelo exame de um dos conteúdos da mente, a ideia de um ser infinito cuja existência pertence à sua essência. Ainda e sempre, exame da consciência por si mesma; exame das ideias ou partes que compõem a consciência como pensamento. A possibilidade de pensar um ser cuja essência contenha a existência equivale a pensar um ser que não recebe seu existir de outro ser, mas que existe por si mesmo. Um ser dessa natureza só pode ser divino, o que leva Descartes a investigar a ideia de Deus, existente em nós, concluindo que, se o pensamos como um ser infinito, ele tem de existir, pois, se não existir, não conseguiremos explicar a origem da ideia de infinito em nós, uma vez que, sendo finitos, não a poderíamos inventar. Se temos a ideia de infinito, é porque ela foi inserida em nós por ele. Por conseguinte, a veracidade da ideia de um ser cuja existência está contida na essência conduz à veracidade de todas as outras ideias, pois esse ser, Deus, sendo não apenas infinito mas também bom e perfeito (e, portanto, não nos querendo enganar), garante que nossas outras ideias sejam verdadeiras e que existam as coisas a elas correspondentes (o mundo exterior ao pensamento).

A ideia de Deus, junto com as ideias matemáticas, seria o que Descartes chamava de "ideia inata", nascida conosco e com objetividade acima de qualquer suspeita. Nós a descobrimos, não a formamos. Haveria ainda as ideias adventícias, advindas a nós com base nos dados fornecidos pelos sentidos, e as ideias fictícias, resultantes da atividade da imaginação.

Por fim, em certo sentido, Descartes reduz todas as ações conscientes ao pensamento: o querer e o imaginar, por exemplo, ocorrendo-nos somente quando os notamos ou deles estamos cientes, são pensamento. Assim, somente sou consciente de um sentimento ou de uma imagem porque penso que sinto, penso que imagino etc.

Descartes lega à sua posteridade as sementes de uma filosofia da representação, base de uma teoria do conhecimento que será compartilhada por diversos pensadores. Quer eles se distingam pela afirmação ou pela negação de ideias inatas, pela valorização ou desvalorização da origem sensível de várias de nossas ideias, pelo método que elegem como mais adequado, pelo grau de certeza que admitem para o conhecimento humano, os filósofos da modernidade se encontram nesse campo comum de valorização da consciência e de sua capacidade de conhecer. Em Descartes, podemos dizer que o conhecimento consiste no ato próprio do pensamento, e o privilégio aqui é o da capacidade de representar, exibir uma imagem ou um conteúdo semântico que se refere a objetos. A consciência assim considerada é um conjunto de representações, algumas confusas e provisórias, outras claras, distintas e definitivas, base de todas as nossas certezas e fundamento sólido de nossa liberdade.

2. A via moderna: representação e recordação

1. Examinar as ideias exige lembrar, recordar

A consciência, na Modernidade, é vista como um depósito de ideias cuja articulação ou ordenação adequada será capaz de atingir um conhecimento verdadeiro sobre as coisas.

Essa tese tem duas consequências relevantes para a posteridade filosófica.

A primeira é a fundação de correntes de psicologia associacionista, que descreverão todos os processos mentais por meio do modelo de associação entre ideias. A despeito do fato de que essas correntes derivam mais diretamente de filósofos que se opunham a Descartes, elas compartilhavam com o racionalismo a crença na capacidade de decompor e recompor o conhecimento por divisão ou análise em elementos.

A segunda diz respeito à necessidade, sobretudo no século XIX, de encontrar uma base fisiológica para a disposição de ideias na mente, único modo de explicar materialmente a associação. Essa direção da ciência fisiológica retroage sobre as descrições do processo de recordação das ideias contidas em nós – para examiná-las, temos de ser capazes de trazê-las à mente, de evocar nossas representações passadas. A teoria das ideias é, portanto, sustentada por uma concepção da memória. Mas a memória será descrita como associação entre uma percepção e uma representação antiga; seu fundamento é o próprio ato de estar ciente de ideias que ela vem explicar. Assim, tudo indica que, seguindo a via moderna, entramos numa espécie de círculo, sem encontrar um meio de sair. Algo como um impasse.

Esse embaraço ou impasse traça os pontos essenciais de certa maneira de pensar a atividade consciente como atividade de conhecimento fundada no processo de recognição. Descrição da consciência que exige uma permanência de sua identidade no tempo, implica que ela funcione como formatação da objetividade do mundo e autoriza a relação a si ser entendida como representação de si. Tais elementos envolvidos na filosofia da representação fazem com que as análises e teorias da memória que lhe são tributárias tomem como paradigma de suas operações a *recordação*. A capacidade humana de aceder às ideias de seu repertório sustenta o conhecimento. Mesmo que os filósofos da Modernidade não tenham se dedicado ao estudo profundo das operações de memória, elas estão subentendidas a esse modelo da representação. Além disso, a formação das ideias é considerada papel ativo de nossa consciência, que se destaca por ser capaz de dar forma a um conteúdo informe por meio de seus processos de síntese, no espaço, no tempo e na representação – essa será a via seguida por outro filósofo muito destacado na Modernidade, Immanuel Kant (1724-1804).

O fundamental aqui é o fato de que a consciência é pensada como conjunto de ideias ou atividade de formação de ideias, isto é, como instância de reflexão, reconhecimento, entendimento e construção de conhecimento objetivo. Nesse processo, a consciência aproxima-se, na sua dimensão sensível, de uma forma ou ato de imposição de formas – espaço e tempo são assim considerados, pela filosofia kantiana, formas da sensibilidade – e, em seu nível propriamente racional, como ato de síntese de conteúdos a ela exteriores. A consciência possui nesse contexto uma identidade a si que jamais é esquecida, obstruída, nublada. A sua identidade responde pela submissão de conteúdos a ideias gerais, conceitos ou categorias que dão sentido e ordem ao que se passa na mente. A consciência estrutura o mundo conhecido, até mesmo define tudo aquilo que pode ser conhecido do mundo, tudo aquilo de que podemos ter experiência.

Os processos de conhecimento encontram sua excelência na atividade científica, cujo exame impõe que a estrutura da consciência seja tomada como pronta, acabada, como se fosse dada de uma vez por todas. O modelo cartesiano inaugura, portanto, uma filosofia da consciência fundada no conhecimento racional, que dirigirá o debate e as tentativas posteriores de explicação da experiência consciente.

2. As ideias nascem da experiência sensível

Sabemos que Descartes não reinou sozinho na teoria do conhecimento dos séculos XVII e XVIII. Influência maior nos caminhos da filosofia da representação, ele expressa como nenhum outro a confiança na razão. Em relativa oposição à sua proposta, um grupo de filósofos anglo-saxões constitui a reação empirista a essa imagem do conhecimento e da razão.

John Locke (1632-1704), George Berkeley (1685-1753) e David Hume (1711-1776) foram três empiristas da Modernidade a contestar a tese de que possuímos ideias inatas, às quais bastava perseguir e desvelar metodicamente para obter o conhecimento absolutamente verdadeiro. Para além das diferenças essenciais entre os três, eles se aproximam por buscarem uma análise descritiva da formação de nosso conhecimento levando em consideração a origem sensível de nossas ideias. Valorizaram assim as operações do espírito pelas quais entramos em contato com o mundo, dele recebemos impressões ou sensações, que associamos e articulamos em conhecimentos – sempre adquiridos, resultados de uma formação, de uma história.

Locke, aliás, tomou como modelo de sua explicação do conhecimento a Medicina, ciência prática em que ele detectou o uso adequado daquilo que definiu como método histórico. Assim, a Filosofia necessitaria acompanhar a história da formação de nossas ideias, sua aquisição, para compreender o que é e como funciona nossa mente. Todo o conteúdo mental vem da experiência sensível, e a consciência é, originalmente, como uma folha de papel em branco na qual as sensações imprimirão ideias. Não se trata mais de deduzir ideias umas das outras, partindo de um conteúdo universal e necessário que trazemos em nossa estrutura mental, mas sim de seguir o movimento pelo qual as sensações combinam-se, formando ideias, e as ideias associam-se, formando o pensamento. O ponto de partida do conhecimento e também das ações morais não são noções inatas, mas nossa relação com o mundo através da sensibilidade.

David Hume estabeleceu uma distância considerável da teoria da representação ainda muito presente na proposta de Locke. Ao tomar como objeto de sua análise operações psicológicas próprias aos hábitos e à vida comum, e ao constatar que elas são a mola oculta das crenças que sustentam nosso conhecimento, ele reconheceu uma base psicológica para a consciência, embora refutasse o fundamento inabalável da consciência de si que os racionalistas valorizavam extremamente.

Hume, desse modo, construiu o empirismo mais original e mesmo mais radical, aceitando como único fundamento sólido para a ciência do homem, da qual dependem todas as outras, a experiência, no sentido da observação. Aplicando, por sua vez, a experiência e a observação ao estudo da mente, descreveu a origem e a formação de nossas ideias a partir das impressões: tudo o que a mente percebe, ou seja, todo o conteúdo de nossa consciência, reduz-se a dois tipos de unidades: as impressões (percepções mais vivas, fortes e mesmo violentas, envolvendo sensações, paixões, emoções em suas apresentações iniciais) e as ideias (imagens enfraquecidas das impressões que persistem no pensamento).

Como diferença de intensidade é que Hume retoma a distinção entre pensar e sentir. Ocorre que, fortes ou fracas, impressões ou ideias, há para o filósofo outra diferença não menos essencial: impressões e ideias podem ser simples, quando não admitem nenhuma separação ou divisão em partes no modo como se apresentam, e complexas, quando divisíveis em partes. Aplicando esse critério, Hume concluiu ser possível realizar um exame completo da composição de ideias complexas pelas simples, e a correspondência estrita entre ideias simples e impressões que lhes deram origem. Desse modo, a aplicação da análise do complexo em componentes simples, uma das direções próprias à ciência da Modernidade, reaparece aqui numa proposta empirista de definição da mente ou da consciência.

3. A mente como feixe de percepções; o conhecimento como produto da associação das ideias

A teoria de Hume aponta nas impressões e ideias simples a origem do conteúdo da consciência. Uma concepção de unidades delimitadas que persiste como fundo próprio à Modernidade: o conhecimento se forma por composição dos simples.

A memória e a imaginação surgem nesse âmbito como as faculdades responsáveis pela formação de compostos, de agregados ou conjuntos de ideias que preenchem nossa mente. A memória repete impressões e reproduz as ideias com sua figuração vívida, de modo fiel à sua aquisição; ela é a capacidade humana capaz de retomar a ordem em que as apreendemos. A outra faculdade de manejar ideias é a imaginação, que pode separá-las e recompô-las com liberdade. Liberdade que não é, porém, ilimitada, pois o conhecimento efetivo se constitui segundo princípios associativos que ligam as ideias de modo que essa reunião não seja pura obra do acaso. Eis a famosa operação de associação, pela qual Hume chega à concepção da mente como feixe de percepções concatenadas. As ideias, pelo funcionamento dos sentidos que lhes dão origem, unem-se naturalmente por sua semelhança e por sua contiguidade no tempo e no espaço e pela repetição de sua aparição à mente segundo uma relação de causalidade. Essas relações permitem que ultrapassemos a conexão desordenada entre as ideias e formemos relações mais constantes e uniformes, que consistem no conhecimento sobre o qual apoiaremos nossa vida, nossas ações, nossas decisões.

O conhecimento que se forma em nossa mente, a partir do hábito e da repetição, obedece a princípios associativos pelos quais as ideias conectam-se em nossa imaginação. A imaginação pode operar sobre as ideias, decompondo-as e recompondo-as, ao passo que na memória as ideias surgem numa conexão inseparável. As duas faculdades são necessárias ao encadeamento de ideias que pode estender-se indefinidamente, ampliando o campo da experiência humana, o conjunto de crenças e desejos que formam a base da cultura e da ciência.

Para Hume, dado esse papel da imaginação, a associação que une as ideias está baseada no hábito, e não nos oferece um fundamento indubitável para a verdade e a certeza. A consciência, em direta dependência da imaginação e da memória, não funciona mais como um substrato indecomponível ou uma unidade tomada como fundamento. Ela constrói sua relação a si, segundo a teoria empirista, também pela associação, pelo hábito. A noção de identidade pessoal, tão cara à Modernidade, recebe aqui um duro golpe, já que depende do trabalho associativo como qualquer outro conhecimento.

A natureza da experiência humana define-se, desse modo, como conjunto de associações de ideias que derivam de impressões. A constituição do conteúdo de nossa consciência assenta-se na capacidade que temos de estabelecer inferências a partir da repetição e do hábito. Produz-se em nós um assentimento que decorre das percepções cuja origem está em nossos sentidos e na forma como eles recebem as excitações do exterior.

Vemos então que a memória, como faculdade de reapresentar as impressões recebidas com sua vivacidade original, como "lugar" da repetição das impressões, desempenha um papel primordial e indispensável na formação de nossos juízos e crenças, e esses encontram na relação de causalidade o seu porto seguro. Toda e qualquer afirmação sobre as coisas, todo o conhecimento que formamos em nossa mente, são produzidos somente através da experiência, por inferência.

Ao explicitar qual é a *natureza da experiência*, Hume insiste no papel das *lembranças* que temos de objetos e impressões anteriores, na existência desses mesmos objetos anteriormente; enfim, no papel da nossa capacidade de recordar. Revela-se, assim, a importância da experiência passada (da lembrança que temos da conjunção constante entre duas ou mais impressões) na formação das ideias e no uso efetivo da ideia de causalidade nos juízos que sustentam nossas ações. Uma consideração da memória como faculdade de representação do passado permeia, portanto, a proposta empirista de Hume.

3. O pensamento contemporâneo e a consciência como memória

1. Nossa experiência é mesmo feita de ideias simples?

A influência da filosofia moderna e de suas conclusões sobre a consciência humana faz-se sentir intensamente na ciência do século XIX. Dado que é ao longo desse século que duas vertentes científicas relacionadas ao ser humano conhecem um avanço considerável, podemos perceber como a Filosofia terá de lidar com inumeráveis problemas relativos à noção que ora nos ocupa.

As duas ciências em questão são a Biologia, mais especificamente a revolução que significou a teoria da evolução, e a Psicologia, que praticamente nasceu como ciência autônoma em meados dos anos 1800. Os cientistas ligados a esses dois campos preocuparam-se com os aspectos filosóficos de suas práticas e de suas descobertas. Pediram à Filosofia indicações e encontraram, sobretudo, o domínio do positivismo e a herança intelectualista dos séculos XVII e XVIII.

Que indicações eram essas?

A tradição filosófica pensava a consciência essencialmente como instância de reflexão racional e delineava suas características sob os moldes da atividade de conhecimento objetivo. Em outras palavras, a consciência era concebida e descrita por formas de raciocínio que foram consagradas pela ciência da Modernidade e tiveram uma de suas expressões mais precisas na filosofia de Descartes. A ciência, assim, analisa seus objetos, isto é, divide-os em partes ou elementos simples e busca reconstruí-los pela associação entre essas partes na ordem correta. Nessa decomposição e recomposição das coisas, ela extrai as leis de associação e de causa e efeito entre as partes dos fenômenos e entre os próprios fenômenos. Conhecer, então, seria analisar, reconstituir e prever. Assim ditava a Filosofia, assim as novas ciências tentavam proceder.

Mas um fato inesperado modificou as coisas: essas mesmas ciências, ao tentar aplicar a análise e a ordenação de elementos simples aos seus objetos, falhavam, deparando com fenômenos que se comportavam de outro modo. Precisamente os fenômenos mais característicos da experiência consciente, aqueles que chamamos *psicológicos*, apresentavam-se refratários à análise, à decomposição e à previsão. Desse modo, a filosofia contemporânea, no esteio das descobertas, dos avanços e dos dilemas próprios às ciências biológicas e humanas, teve de lidar com totalidades dinâmicas e indecomponíveis; mais difícil ainda, com fenômenos cujo comportamento era em parte imprevisível. Dessa dificuldade surgiram novas inquietações e questionamentos, e eles apontavam para a mesma necessidade: reconhecer que estávamos lidando com *processos indecomponíveis* e não como coisas divisíveis. Abria-se, assim, um novo horizonte para a Filosofia.

2. Dos estados de mente à consciência como fluxo

O filósofo francês Henri Bergson (1859-1941) construiu uma reflexão original e muito relevante para a abertura do século XX. Soube incorporar os novos progressos do campo científico e os limites da tradição filosófica no que diz respeito a duas noções que para ele são indissociáveis – a consciência e a vida.

Procurou mostrar, em sua renovação da Metafísica, que a consciência, muito mais do que uma prerrogativa humana cuja essência reside na racionalidade, é uma dimensão de todos os seres vivos e tem mesmo uma presença universal, cosmológica. Ela é "coextensiva" à vida, o que nada mais quer dizer senão que, enquanto há vida, há consciência. Se há progresso no desenvolvimento vital, há aperfeiçoamento e ampliação da consciência. Essa aproximação nos mostra, entretanto, alguma coisa mais importante para ultrapassarmos a filosofia da representação: a vida é um processo, um movimento, que faz algumas paradas em seu caminho. O mesmo se dá com a consciência: ela é pura mudança, e as ideias são produtos derivados de seu progresso no tempo. Vejamos como Bergson nos oferece uma descrição mais completa e fiel da experiência consciente.

Antes, é preciso observar que a noção de "vida" tem um sentido mais amplo do que aquele apropriado pela Biologia: ela vem substituir o antigo conceito de "ser" da Metafísica. Isso quer dizer que o estudo da consciência pode conduzir-nos à revelação da essência da realidade, desde que esse estudo seja liberado de preconceitos idealistas e realistas, superando impasses da imagem de mundo objetivo herdada da Modernidade pelo século XIX. Assim, não cedendo nem a explicações idealistas (para as quais a consciência projeta nas coisas, ao conhecê-las, as suas prerrogativas ideais) nem a explicações realistas (segundo as quais são as coisas conhecidas, com suas prerrogativas, que agem sobre a consciência), Bergson fornecerá respostas mesmo a questões filosóficas clássicas das quais a Modernidade se havia desviado por considerá-las dificilmente solúveis.

Bergson percebeu que os aspectos em geral ressaltados pelos filósofos nos oferecem uma visão parcial da consciência, ou melhor, uma visão da consciência em sua dimensão superficial. Ora, a tarefa da Filosofia é procurar ver a essência dos fenômenos aos quais se dedica, seja na Metafísica, na Ontologia ou na Teoria do Conhecimento. E essa visão só pode ser atingida precisamente se abandonarmos temporariamente a superfície dos objetos estudados e adentrarmos em sua profundidade. Foi por essa estratégia que ele superou a visão parcial dos modernos e construiu uma nova filosofia da consciência. A tese nuclear de sua teoria consiste em mostrar que, tomada profundamente, a consciência é memória.

A dificuldade que se apresente nesse caminho está na constatação de que a consciência não é um objeto espacial; ela é um fluxo, um conjunto de processos – ela é o próprio espírito.

Na sua observação mais direta, até ingênua, constatamos esse fato inegável: toda forma de consciência implica uma multiplicidade não separável. Ocorre que, ao estudarmos a experiência consciente sem preconceitos, concentrando-nos na sua vivência direta e imediata, entramos em contato com um nível de nossa experiência ordinariamente encoberto.

O filósofo nos conduz ao encontro dessa multiplicidade de interpenetração, que nos invade, por exemplo, ao experimentarmos emoções profundas. O que se passa em nós num sentimento como o da alegria é a formação de uma totalidade dinâmica em que cada momento que se segue é incorporado ao mesmo tempo que recebe dela seu sentido próprio. O antes da consciência atual, eis o que essa experiência especial nos ensina, não é uma representação nem um estado delimitado ou determinável por um nome ou um conjunto de atributos; em suma, por um conceito. Estamos, ao contrário, em contato com um movimento de totalização puramente dinâmico e qualitativo; esse antes não está fechado, pronto, acabado, mas recebe do momento atual a sua própria continuidade: nesse sentido, o antes é idêntico ao durante e indissociável do depois – estamos aqui diante de um passado que avança e invade o futuro que está se criando, diante do tempo real ou da duração. Não há estados, mas sim mudança, passagem, progressão.

Essa constatação tem uma consequência muito importante: as ideias ou representações não consistem no conteúdo efetivo da consciência, não a formam essencialmente, mas são resultados de construções com base em um fundo puramente qualitativo. Quando, por um esforço intenso, nos deixamos viver, conhecemos realmente a nossa consciência, da maneira mais fiel possível, sem interposições de conceitos ou mesmo pré-conceitos que interferem no trabalho descritivo. A consciência é mudança e se mostra também como condição da conservação de tudo o que nos afeta.

Quando se trata de determinar objetos e contá-los, por exemplo, somente podemos tomar unidades em conjunto porque nossa interioridade conserva os traços e aspectos da exterioridade que se dão em simultaneidade com seus próprios momentos. Bergson fala de um eu profundo revelado sob a superficialidade de um eu exteriorizado; um eu em que os estados se apresentam sempre em fusão, num processo de organização.

3. Do presente vivo à consciência como ligação entre o passado e o futuro

Qual é a modificação mais visível que essa apreensão da duração interna em seu desenrolar traz para a compreensão da noção de consciência?

A transformação é radical, pois se trata de descrever o pensar, o sentir, o querer e suas demais dimensões como uma *vida contínua* que constitui um eu dinâmico, qualitativo, puro desenrolar de uma totalidade aberta. Os estados de consciência dão-se como progresso de diferentes vivências, mesmo que os tomemos de forma parcialmente isolada.

Consideremos, por exemplo, uma emoção profunda como a graciosidade, que participa do sentimento do belo, procurando expressar o que efetivamente se passa em nós durante essa emoção. Ao analisarmos essa vivência diretamente, apreendemos um conjunto de sentimentos implicados uns nos outros, cujo traço mais notável aproxima-se de uma simpatia física. Simpatizar vem etimologicamente de "sofrer com", e no contexto corporal implica uma "co-moção", "mover-se com" o outro. Essas descrições expressam para Bergson a experiência da participação iminente de nosso corpo no movimento gracioso de uma dançarina, ou mesmo a coparticipação em uma ideia que um quadro, uma escultura, enfim, uma obra de arte pode comunicar.

As emoções estéticas são modelo do que se passa num momento qualquer da consciência: um estudo psicológico atento e liberado de conceitos exteriores e artificiais mostra como todo e qualquer estado consciente tem algo da emoção estética. Não mais o conhecimento, mas a criação e a emoção artísticas são o paradigma da consciência viva. Uma transformação muito significativa no modo como pensamos a subjetividade.

Nada mais distante de tais vivências do que a imagem da composição de elementos pontuais formando um conjunto bem definido, um mosaico ou agregado de estados bem delimitados que a concepção associacionista do eu aponta como conhecimento fiel da experiência humana. Cada estado examinado diretamente nos mostra esse progresso qualitativo, essa transformação contínua de vivências marcadas por um tom, um traço, um índice pelo qual podemos ilustrá-lo, até atribuir-lhe um nome, sem jamais, com isso, estarmos efetivamente de posse dessa incessante imobilidade.

Bergson será um crítico da linguagem como ferramenta intelectual, no sentido de denunciar os seus limites para apreensão da consciência. A linguagem necessita que fixemos um objeto determinado ao qual possamos colar um nome; na tentativa de isolar um estado, encontramos um progresso, uma transformação. A verdadeira manifestação da experiência consciente como duração, um todo solidário e dinâmico, não pode ser representada: a ela podemos fazer uma alusão através da imagem que temos ao nos lembrarmos de uma melodia, por exemplo.

A imagem da duração como melodia indica-nos mais precisamente um todo em construção que dá sentido ao que se segue ao mesmo tempo que se continua pelo que segue, pois as notas são percebidas ou relembradas umas nas outras num processo contínuo de interpenetração e organização que descreve, do modo mais aproximativo que somos capazes de atingir, a melodia de uma vida individual, sua história, sua singularidade em contínua transformação. Assim, aquilo que encontramos como descrição fiel da experiência atual revela-se como modo de ser da nossa vida consciente inteira: essa passagem que se conserva à medida que se cria expressa nosso passado avançando para um futuro que vamos criando à medida que vivemos. Em outros termos, a imagem da melodia ilustra muito mais do que o presente vivo da consciência – ela é a imagem da consciência num sentido bem mais amplo, o de uma vida consciente como história ou memória que se insere no mundo.

A consciência não é, portanto, um agregado de partes exteriores entre si. Ela é uma totalidade que dá sentido às suas partes ou momentos, numa organicidade que a filosofia da virada do século XIX ao XX também postula para os fenômenos vitais. A consciência é sempre de uma vida, da vida, e a solidariedade de partes que deixam de ser partes ou perdem sua própria identidade se separadas desse todo é uma característica inelutável dos fenômenos vitais e conscientes.

O movimento de crítica da imagem moderna da consciência é realizado por Bergson quando ele encontra, por sob os cristais bem recortados de um eu superficial, um eu profundo marcado pela solidariedade de seus diversos elementos em progressão constante, em mobilidade incessante; um eu que revela o modo concreto de nossas vivências, uma vida em ação no mundo. Isso quer dizer que o eu ou a consciência como duração é também e antes de tudo um eu que vive, uma vida, a criação incessante de um futuro imediato. São essas as características, solidariedade de um todo dinâmico e criação de um futuro no mundo, que conduzem Bergson a aprofundar sua reflexão metafísica e compreender, finalmente, que a consciência é um corpo organizado e uma história em construção – e que, nesses dois sentidos, ela é memória.

4. Conservação do passado e criação do futuro. O ato da memória

Essa continuidade da consciência garantida por seu próprio desenrolar implica uma imanência da vida consciente. E ela impõe também que se investigue o fundo da continuidade, aquilo que a sustenta ou mesmo lhe dá origem. Se nosso presente vivo é qualidade e continuidade, como essas características surgem, são produzidas, em que estão fundadas?

A resposta para tais questões foi construída no seguimento da filosofia de Bergson. Um todo qualitativo é formado por um ato de contração; uma continuidade ou sucessão pura é instituída por uma ligação. Ora, esse aspecto ou essa dimensão da consciência que responde por sua unidade, continuidade e subsistência é a memória.

A memória tem sentidos mais profundos do que a rememoração, que é tão somente uma de suas propriedades: ela se efetiva originalmente como a síntese ou contração de momentos que funda a continuidade, a totalidade e a história de uma subjetividade. Assim, a memória é contração de momentos, de vibrações do mundo, formando a história de alguém. Mas o que é essa história? Em que sentido precisamente ela é idêntica à memória?

Essa resposta expõe como a recordação é apenas uma operação envolvida numa dimensão compartilhada entre a Psicologia e a Metafísica. Psicologia porque nossa história é o fundo sobre o qual nossas ações e emoções efetivam-se: nossa história está organizada em nosso corpo e sintetizada em nosso caráter. Metafísica porque a conservação de nossa história se dá integralmente e aponta para um fundo não representável que se diferencia essencialmente da matéria e do corpo: a vida mental ou o espírito ultrapassa os mecanismos cerebrais, eis uma afirmação que o filósofo não se cansa de repetir e de demonstrar. Importa então compreender como, nesses dois sentidos, vida consciente é memória. Vejamos como Bergson apresenta tais dimensões.

A consciência é inseparável da vida. Essa tese, de resto mobilizada por um sem-número de filósofos do século XX, tem em primeiro lugar um significado muito preciso: a consciência identifica-se, de algum modo, com um corpo. No seu estudo do corpo consciente,

Bergson procura superar os impasses do dualismo moderno por uma nova teoria da percepção.

Ainda aqui a crítica do ponto de partida dos filósofos da tradição foi a base da renovação: tanto realistas quanto idealistas partiram sempre do pressuposto de que a percepção, nível original do exercício da vida consciente, é um processo destinado ao conhecimento. Essa natureza especulativa da percepção sustenta a teoria das ideias que analisamos anteriormente e está perfeitamente de acordo com a concepção da consciência como puro espírito, distinto e separado em essência do corpo. Bergson, antecipando o percurso da fenomenologia francesa do século XX, soube descrever a vida consciente como vida de um corpo organizado, fonte de ações e capaz de indeterminar as respostas aos estímulos recebidos – um corpo situado no mundo, parte dele e impensável fora dele.

Mas o que é um corpo organizado? Como ele se diferencia dos corpos materiais, por exemplo?

A resposta a essa questão constitui um dos aspectos originais da filosofia da consciência própria a Bergson. A vida corporal é já consciência, e nossa subjetividade, individualidade e personalidade formar-se-ão tomando como base e centro um corpo que é próprio, referido a si. Este se apresenta, na observação desprovida de preconceitos, como centro de ações que amplia sua potência de agir conforme organiza melhor seus movimentos. O corpo é uma articulação complexa de movimentos, aperfeiçoados pelos hábitos e pelas repetições, voluntárias ou não, de experiências e contatos com o seu entorno. Numa palavra, o corpo é motricidade, memória corporal. Há presença do passado num corpo que possui uma forma especial de agir, aquela que pode recuar as reações e indeterminá-las. O que Bergson efetivamente quer dizer com isso? Quais são as consequências dessa base corporal da consciência?

A experiência consciente é que se efetiva no mundo pelo corpo, eis aquilo que nem racionalistas nem empiristas puderam tomar a sério. Mas esse corpo, base física de nossa pessoa, também muda de sentido pelo aprofundamento de seu estudo. O corpo que age e sente, por suas afecções, é um plano da consciência: mais precisamente, o plano imanente ao mundo, o mais atual. A continuidade de um momento presente de nossa vida revela, bem mais do que a experiência consciente atualmente vivida, uma história em construção incessante: o todo dinâmico que somos, uma vida em curso, que se efetiva à luz de seu passado inteiro, que subsiste integralmente. Há um conjunto de planos ou níveis de profundidade da vida consciente, formando aquilo que se costumava denominar o "eu", o sujeito. Esses distintos níveis são planos temporais, atualizando-se sem trégua numa vida, num presente vivo. O presente passa, isto é, ele é pura transição entre um passado imediato e um futuro iminente. E, enquanto vivemos, esse passado imediato é incorporado à nossa história de vivências que se conserva em si, o conjunto de todas as nossas lembranças que se interpenetram. Esse é o *ser do passado*, que ilumina e condiciona o que se passa em todos os momentos de uma vida.

Bergson utiliza, no livro *Matéria e memória*, a imagem de um cone dinâmico invertido para ilustrar o movimento da consciência entre seus planos. A ponta do cone é o corpo consciente, a atualidade de uma história que se insere no mundo. A base do cone seria o plano mais profundo da consciência: nosso passado, tudo o que vivemos e pensamos desde o nosso nascimento e até mesmo antes, na vida uterina. Encontramos aqui o campo mais evidentemente metafísico de nossa experiência: as profundezas do nosso passado, a conservação total de nossa vida que Bergson denomina lembrança ou memória *pura*. As vivências conservadas podem movimentar-se em direção ao presente, à ponta do cone, contanto que adquiram uma forma mais geral, mais convergente como movimentos cerebrais através dos quais parte delas pode reviver. A vida psicológica ou a consciência é esse movimento incessante de vaivém entre a base e a ponta do cone. Para aceder à consciência atual, a memória pura tem de ser capaz de movimentar nosso corpo e tomar a forma representativa, que Bergson denomina lembrança-imagem. Do passado puro à atualização, esse movimento ilustrado pelo cone dinâmico está entre as teses mais inovadoras do bergsonismo.

O ser humano é uma história contínua e indivisa, que se contrai em planos distintos conforme sua ponta avança no mundo. Seu passado tenta lançar-se ao mundo, isto é, ao presente, e influencia sem cessar as ações veiculadas pelo corpo, ponta da história. A base do cone expressa, assim, a lembrança total, cuja existência é virtual, jamais dada atualmente. Nossa vida consciente, em todas as suas operações, nada mais é do que a ligação ou a continuidade entre esses dois extremos da vida mental, uma memória pura que é conservação em si da história individual, um corpo especial que promove e mesmo é condição da inserção variável e em diferentes intensidades dessa história no mundo exterior, natural e intersubjetivo.

5. Inconsciente, memória e ontologia do virtual

As teses bergsonianas sobre a memória exerceram forte influência sobre o percurso do filósofo francês Gilles Deleuze (1925-1995).

A compreensão de que a totalidade de nossa experiência vivida conserva-se e repete-se incessantemente em milhares de planos de consciência distintos impressionou Deleuze no momento em que ele estudava alguns filósofos e saltava sobre o movimento de seus pensamentos para construir uma reflexão que chamou "empirismo transcendental".

A descrição da vida consciente que se exerce em planos distintos, por contração do passado até em hábitos motores no corpo ou pelo corpo, tem uma condição que ele procurou explorar: o passado tem um peso ontológico considerável naquilo que se apresenta como a experiência real. Com efeito, Bergson afirma, no centro de seu estudo sobre a memória, que o presente não é; ele passa, e é o movimento do passado avançando sobre o futuro. Em contrapartida, apenas o passado é; tem estatuto substancial porque é o que se conserva. Mas o que se conserva efetivamente? Um conjunto de fatos psicológicos? Nossas lembranças tais como as vivemos e constituímos?

A resposta a essa pergunta só pode ser encontrada se abrirmos mão de um vício de pensamento, da tendência natural que temos a pensar em termos espaciais e representativos. O que a caracterização da consciência como memória nos mostra é uma conservação da história pessoal numa forma não espacial, numa totalidade em que só existem partes "virtuais". Uma espécie de todo indistinto, inseparável em partes, indefinido e impensável como conjunto dado de elementos nítidos. Esse passado total está sintetizado em nosso caráter; tem sua existência atestada por nós, no modo pelo qual cada um de nós age, sente e pensa. Ele é o que Bergson chamou de "inconsciente", conjunto de lembranças não discerníveis, das quais algumas podem vir à mente na forma de imagens ou representações. Eis o domínio do virtual em termos deleuzianos, uma noção decisiva em seu percurso.

Essa ampliação da experiência consciente referida a um todo que a supera e a sustenta indica a passagem para a dimensão propriamente metafísica da proposta de Bergson. A consciência como memória significa que tocamos um nível do real que está em geral negligenciado pela visão comum e ordinária que geralmente pensa à luz do presente e do espaço. O alcance propriamente metafísico do livro *Matéria e memória* mostra a dimensão da duração como memória e como vida em contínua criação de si: isso que passa, nossas vivências de todo tipo, não se perde, não desaparece da existência, não se destrói – há uma conservação em si do passado que nos confunde e nos embaraça porque estamos condicionados a determinar lugares em que os conteúdos vividos são armazenados. Ora, o passado, nossa história de vida, é uma presença virtual em todas as nossas ações. A constatação dessa presença, sua atualização em atos de rememoração e o significado desses atos como união entre lembrança e percepção (e, portanto, entre o passado espiritual e o corpo material) são o núcleo da teoria bergsoniana da memória.

O passado é por definição o que não age mais, não está localizado nem contido no corpo; o passado do sujeito, "meu passado", tal como Bergson o descreve, continua a ser, a existir (e o fato de que parte dele pode atualizar-se, que podemos nos lembrar de uma cena de nossa infância, para tomar o exemplo mais contundente, já é prova cabal da sua existência), mas não toca o mundo, não se realiza como sensação capaz de produzir movimentos, não é atualmente dado, mas virtualmente presente. A lembrança pura é impotente e inextensiva. Em última análise, nós somos a continuidade entre esse passado e nosso corpo inserido no mundo, nós somos seres em que, pelo corpo, o passado pode inserir-se no tecido da Natureza e da vida social, isto é, na matéria, reino da necessidade, e na sociedade, campo da cultura.

Se o psicológico é o presente, o atual, o consciente, porque se prolonga no mundo como ação sensório-motora, a perspectiva de Bergson faz-nos ver que esse atual vem do passado, daquilo que não é nem movimento, nem sensório-motor, portanto, não é consciente. Para Deleuze, isso significa que o consciente, como atual, está cercado de virtual; a percepção de um fato ou objeto presente está envolvida de passado e mesmo emerge desse passado total que a espreita. Há nitidamente, para os dois pensadores, um "outro" da consciência que a condiciona, a influencia e a fundamenta. Deleuze enfatizou a distinção entre um inconsciente ontológico (a lembrança pura, totalidade do passado conservado em si, impassível, inativo e virtual) e um inconsciente psicológico (o movimento de atualização das lembranças pelo qual elas retornam à forma de imagens e surgem à consciência influenciando a ação em curso). Ele redimensionou, desse modo, seguindo os passos de Bergson, a noção de representação, situando-a como resultado do processo em que inconsciente e consciência relacionam-se indefinidamente.

Mais explicitamente, Deleuze tomou a descrição dessas duas dimensões do inconsciente como ponto de partida para formular uma tese de cunho ontológico assentada sobre uma espécie de "passado-todo", contemporâneo do presente. O passado como *ser*, virtual e impassível. Esse todo pode vir à consciência, mas, ao fazê-lo, muda de natureza, transformando-se em lembrança de fato. Essa é para ele a relevância do esquema do cone, pois a figura ilustra esse movimento de atualização do virtual, passagem da lembrança pura à lembrança-imagem que se prolonga em sensações. O cone indica a figuração, no passado, de todos os seus níveis de profundidade. Mesmo o corpo, ponta do cone, assume o papel de "última lembrança" que acaba de passar.

Mas Deleuze aponta alguns problemas nessas considerações, problemas muito férteis que podemos apenas indicar aqui. Para ele, como vimos anteriormente, essa totalidade conservada que acompanha cada ato de nossa vida não pode ser pensada como uma existência psicológica. Na verdade, o inconsciente tem estatuto ontológico; envolve um nível de existência distinto daquele com o qual lidamos em nossa vida. Esse passado puro torna-se para Deleuze o foco da reflexão e acaba por mostrar-se como fundamento do presente que é contemporâneo a esse presente, com ele coexiste e a ele preexiste. Como o passado pode ser contemporâneo ao presente? Como pode coexistir com o atualmente dado?

Bergson soube indicar o caminho, pela revelação desse passado puro que o estudo da consciência encontrou inelutavelmente, ou seja, pela reflexão que se aproximou incessantemente da memória como verdadeiro significado da consciência. E, dados tais aspectos do passado puro, Deleuze procura mostrar, em seu livro *Diferença e repetição*, que ele nos *força a pensar* de outro modo, que a memória, sua atualização e seu fundamento funcionam como elementos que forçam o nosso pensamento e somente podem encontrar um meio de compreensão através de paradoxos. Encontrando na Memória ou no Passado Puro o fundamento do tempo, Deleuze deu seguimento à sua filosofia, apropriando-se de conceitos intensivos próprios a Bergson, recriando-os através de novas aproximações. Nesse trabalho, a consciência representativa ou a filosofia da representação perdem ainda mais sua relevância, mas o estudo da memória vem impulsionar parte considerável da filosofia da diferença.

4. Conclusão

O itinerário que aqui percorremos permite-nos constatar como a consciência recebeu na Modernidade um papel estruturante e ativo na constituição do conhecimento. Sua capacidade de reflexão racional, sobrevalorizada a partir do século XVII, acabou por conduzir os filósofos a uma visão incompleta e superficial da experiência humana. Essa visão está baseada, por sua vez, na redução dos atos de memória ao reconhecimento ativo ou à capacidade de recordação ou de representação do passado própria à nossa consciência.

A filosofia contemporânea, em movimentos teóricos especiais de superação de impasses da Modernidade, constrói uma crítica contundente a esse modelo de compreensão da consciência, ampliando seu escopo, aprofundando sua descrição e retirando da reflexão racional a soberania que o modelo da representação a ela conferia.

Bergson, ao estudar o tempo, suas dimensões e sua essência, redimensiona a compreensão da consciência, nela descobrindo o próprio movimento da vida. A consciência viva, eis sua mensagem, é acima de tudo memória, em vários sentidos. Ela é um corpo organizado ou memória corporal, ela é atualização do passado em imagens; é o passado mesmo conservado integralmente, e identifica-se à própria subjetividade. A representação é somente uma das suas dimensões, estando inserida num conjunto diversificado de planos ou níveis que se recobrem e se relacionam, formando efetivamente nossa experiência.

No seguimento especial que Deleuze oferece a esse profundo estudo da memória, uma nova filosofia é inaugurada, mais radical em sua crítica à subjetividade e mais criativa em seu trabalho de forçar o pensamento. Essa filosofia apropria-se de Bergson para tratar da diferença em si mesma, libertando-a das exigências da representação. Deleuze viu, no estudo da consciência como memória, a chave para abrir a porta ao outro da representação, dando uma feição absolutamente nova ao trabalho filosófico de Bergson.

OUVINDO OS TEXTOS

Texto 1. René Descartes (1596-1650), *Consciência é pensamento*

Mas, ao rejeitar assim tudo aquilo de que podemos de algum modo duvidar e ao fingir [que o duvidoso] é até mesmo falso, decerto facilmente supomos que nenhum Deus exista, nenhum céu, nenhum corpo e que nós próprios não tenhamos mãos, nem pés, nem enfim corpo algum, mas nem por isso [supomos] que nós, que pensamos tais coisas, nada sejamos. Pois é contraditório julgar que o que pensa, no momento em que pensa, não existe. E, por conseguinte, este conhecimento "eu penso, logo existo" é, de todos, o primeiro e o mais certo a ocorrer a quem quer que filosofe com ordem. E este é o melhor caminho para vir a conhecer a natureza da mente e sua distinção do corpo. Pois, ao examinar quem afinal somos nós, que supomos serem falsas todas as coisas que são diversas de nós, vemos radicalmente que nenhuma extensão, figura, movimento local ou algo semelhante a se atribuir ao corpo pertence à nossa natureza, mas só o pensamento, que por isso é conhecido antes e com maior certeza do que qualquer coisa corpórea, pois este já percebemos; das outras coisas, porém, ainda duvidamos. Pelo termo "pensamento" entendo todas aquelas coisas que, estando nós conscientes, ocorrem em nós, na medida em que há em nós uma consciência delas. E assim, não apenas entender, querer, imaginar, mas também sentir é aqui o mesmo que pensar. Pois, se eu disser: "eu vejo" ou "eu ando, logo existo" e entender isso da visão ou do andar, que se realizam com o corpo, a conclusão não é absolutamente certa, visto que, como muitas vezes ocorre nos sonhos, posso presumir que estou vendo ou andando, ainda que não abra os olhos e não saia do lugar e, talvez, até mesmo, ainda que não tenha um corpo. Mas, se eu entender isso do próprio sentido ou da consciência de ver ou de andar, ela é inteiramente certa, porque se refere neste caso à mente, que é a única a sentir ou pensar que está vendo ou andando.

DESCARTES. R. *Princípios da filosofia*. Vários tradutores. Rio de Janeiro: UFRJ, 2002, pp. 27-8.

Texto 2. David Hume (1711-1776), *Impressão, ideia, imaginação e memória*

Pela experiência vemos que, quando uma determinada impressão esteve presente na mente, ela ali reaparece sob a forma de uma ideia, o que pode se dar de duas maneiras diferentes: ou ela retém, em sua nova aparição, um grau considerável de sua vividez original, constituindo-se em uma espécie de intermediário entre uma impressão e uma ideia; ou perde aquela vividez, tornando-se uma perfeita ideia. A faculdade pela qual repetimos nossas impressões da primeira maneira se chama "memória", e a outra, "imaginação". É evidente, mesmo à primeira vista, que as ideias da memória são muito mais vivas e fortes que as da imaginação, e que a primeira faculdade pinta seus objetos em cores mais distintas que todas as que possam ser usadas pela última. Ao nos lembrarmos de um acontecimento passado, sua ideia invade nossa mente com força, ao passo que, na imaginação, a percepção é fraca e lânguida, e apenas com muita dificuldade pode ser conservada firme e uniforme pela mente durante um período considerável de tempo. Temos aqui, portanto, uma diferença sensível entre as duas espécies de ideias. Há uma outra diferença, não menos evidente, entre esses dois tipos de ideias.

Embora nem as ideias da memória, nem as da imaginação, nem as ideias vívidas nem as fracas possam surgir na mente antes que impressões correspondentes tenham vindo abrir-lhes o caminho, a imaginação não se restringe à mesma ordem e forma das impressões originais, ao passo que a memória está de certa maneira amarrada quanto a esse aspecto, sem nenhum poder de variação. É evidente que a memória preserva a forma original sob a qual seus objetos se apresentaram. Sempre que, ao nos recordarmos de algo, nós nos afastamos dessa forma, isso se deve a algum defeito ou imperfeição dessa faculdade. Um historiador pode, talvez, buscando facilitar sua narrativa, relatar um evento antes de outro que lhe é efetivamente anterior; mas, se for rigoroso, ele fará notar essa desordem, recolocando assim a ideia na posição devida. O mesmo ocorre com nossas recordações dos lugares e pessoas que alguma vez conhecemos. A principal função da memória não é preservar as ideias simples, mas sua ordem e posição. Em suma, esse princípio se apoia em tantos fenômenos comuns e vulgares que podemos nos poupar do trabalho de continuar insistindo nele.

HUME, D. *Tratado da natureza humana*. Trad. Déborah Danowski. São Paulo: Unesp, 2011, pp. 32-4.

Texto 3. Henri Bergson (1859-1941), *A vida psicológica e a conservação do passado*

Mas, quanto à vida psicológica, tal como se desenrola por sob os símbolos que a recobrem, percebe-se sem dificuldade que o tempo é o tecido mesmo de que ela é feita. Não há, aliás, tecido mais resistente nem mais substancial. Pois nossa duração não é um simples instante que substitui um instante: haveria sempre, então, apenas o presente, nada de prolongamento do passado no atual, nada de evolução, nada de duração concreta. A duração é o progresso contínuo do passado que rói o porvir e que incha ao avançar. Uma vez que o passado aumenta incessantemente, também se conserva indefinidamente. A memória, como procuramos prová-lo, não é uma faculdade de classificar recordações em uma gaveta ou de inscrevê-las em um registro. Não há registro, não há gaveta, não há aqui, propriamente falando, sequer uma faculdade, pois uma faculdade se exerce intermitentemente, quando quer ou quando pode, ao passo que o amontoamento do passado sobre o passado prossegue sem trégua. Na verdade, o passado conserva-se por si mesmo, automaticamente. Inteiro, sem dúvida, ele nos segue a todo instante: o que sentimos, pensamos, quisemos desde a nossa primeira infância está aí, debruçado sobre o presente que a ele irá juntar-se, forçando a porta da consciência que gostaria de deixá--lo para fora. O mecanismo cerebral é feito exatamente para recalcar a quase totalidade do passado no inconsciente e introduzir na consciência apenas aquilo que é de natureza a iluminar a situação presente, a ajudar a ação que se prepara, a resultar, enfim, num trabalho *útil*. Quando muito, algumas recordações de luxo conseguem passar de contrabando pela porta entreaberta. Estas, mensageiras do inconsciente, avisam-nos acerca daquilo que arrastamos atrás de nós sem sabê-lo. Mas, ainda que não tivéssemos disso uma ideia distinta, sentiríamos vagamente que nosso passado nos permanece presente. Que somos nós, com efeito, que é nosso *caráter*, senão a condensação da história que vivemos desde nosso nascimento, antes mesmo de nosso nascimento, já que trazemos conosco disposições pré-natais? Sem dúvida, pensamos apenas com uma pequena parte de nosso passado; mas é com nosso passado inteiro, inclusive nossa curvatura de alma original, que desejamos, queremos, agimos. Nosso passado, portanto, manifesta-se-nos integralmente por seu impulso e na forma de tendência, ainda que apenas uma sua diminuta parte se torne representação. [...]

Assim, nossa personalidade viceja, cresce, amadurece incessantemente. Cada um de seus momentos é algo novo que se acrescenta àquilo que havia antes. Podemos ir mais longe: não se trata apenas de algo novo, mas de algo imprevisível. Sem dúvida, meu estado atual explica-se por aquilo que estava em mim e por aquilo que agia sobre mim há pouco. Ao analisá-lo, não encontraria outros elementos. Mas uma inteligência, mesmo sobre-humana, não poderia ter previsto a forma simples, indivisível, que é conferida a esses elementos, inteiramente abstratos, por sua organização concreta. Pois prever consiste em projetar no porvir o que percebemos no passado, ou em se representar para uma próxima ocasião uma nova junção, em outra ordem, de elementos já percebidos. Mas aquilo que nunca foi percebido e que ao mesmo tempo é simples será necessariamente imprevisível. Ora, tal é o caso de cada um de nossos estados, considerado como um momento de uma história que se desenrola: é simples e não pode já ter sido percebido, uma vez que concentra em sua indivisibilidade todo o percebido e, além disso, aquilo que o presente lhe acrescenta. É um momento original de uma história não menos original.

BERGSON, H. *A evolução criadora.* Trad. Bento Prado Neto. São Paulo: Martins Fontes, 2005, pp. 4-7.

Texto 4. Henri Bergson (1859-1941), *Consciência e memória*

Eis a primeira direção que tomaremos. Quem diz espírito diz, antes de tudo, consciência. Mas o que é a consciência? É óbvio que não vou definir algo tão concreto, tão constantemente presente na experiência de cada um de nós. Mas, sem dar da consciência uma definição que seria menos clara do que ela própria, posso caracterizá-la por sua marca mais aparente: consciência significa primeiramente memória. A memória pode ter pouca amplitude; pode não abarcar mais que uma pequena parte do passado; pode não reter mais do que aquilo que acaba de acontecer; mas a memória está aí, ou então a consciência não está. Uma consciência que nada conservasse de seu passado, que incessantemente esquecesse de si mesma, pereceria e renasceria a cada instante: como definir de outro modo a inconsciência? Quando Leibniz dizia que a matéria "é um espírito instantâneo", não a estava declarando (quisesse ele ou não) insensível? Portanto, toda consciência é memória – conservação e acumulação do passado no presente.

Mas toda consciência é antecipação do futuro. Consideremos o direcionamento de nosso espírito em qualquer momento que seja: veremos que ele se ocupa daquilo que existe, mas tendo em vista principalmente o que vai existir. A atenção é uma espera, e não há consciência sem uma certa atenção para a vida. O futuro está ali; ele nos chama, ou melhor, nos puxa para si: essa tração ininterrupta, que nos faz avançar no caminho do tempo, é também a causa de agirmos continuamente. Toda ação é uma invasão do futuro.

Reter o que já não é, antecipar o que ainda não é: eis aí portanto a primeira função da consciência. Para ela não haveria presente, se o presente se reduzisse ao instante matemático. Esse instante é apenas o limite puramente teórico que separa o passado do futuro; pode, a rigor, ser concebido, mas nunca é percebido: quando julgamos surpreendê-lo, já está longe de nós. O que realmente percebemos é uma certa espessura de duração que se compõe de duas partes: nosso passado imediato e nosso futuro iminente. Sobre esse passado estamos apoiados, sobre esse futuro estamos debruçados; apoiar-se e debruçar-se assim é específico de um ser consciente. Podemos dizer, portanto, que a consciência é um traço de união entre o que foi e o que será, uma ponte lançada entre o passado e o futuro.

> BERGSON, H. "A consciência e a vida". In: *A energia espiritual.* Trad. Rosemary C. Abílio. São Paulo: Martins Fontes, 2006, pp. 4-6.

Texto 5. Gilles Deleuze (1925-1995), *O passado puro e a ontologia da memória*

Mas que significa passado puro, *a priori*, em geral ou como tal? Se *Matéria e memória* é um grande livro é talvez porque Bergson tenha penetrado profundamente no domínio desta síntese transcendental de um passado puro e tenha destacado todos os paradoxos constitutivos desse passado. É em vão que se pretende recompor o passado a partir de um dos presentes que o encerram, seja aquele que ele foi, seja aquele em relação ao qual ele é agora passado. Não podemos acreditar, com efeito, que o passado se constitua após ter sido presente nem porque um novo presente apareça. Se o passado esperasse um novo presente para constituir-se como passado, jamais o antigo presente passaria nem o novo chegaria. Nunca um presente passaria se ele não fosse "ao mesmo tempo" passado e presente; nunca um passado se constituiria se ele não tivesse sido antes constituído "ao mesmo tempo" em que foi presente. Aí está o primeiro paradoxo: o da contemporaneidade do passado com o presente que ele *foi*. Ele nos dá a razão do presente que passa. É porque o passado é contemporâneo de si como presente que todo presente passa e passa em proveito de um novo presente. Um segundo paradoxo deriva daí, o paradoxo da coexistência, pois se cada passado é contemporâneo do presente que ele foi, *todo* o passado coexiste com o novo presente em relação ao qual ele é agora passado. O passado não está "neste" segundo presente como não está "após" o primeiro. Daí a ideia bergsoniana segundo a qual cada atual presente não é senão o passado inteiro em seu estado mais contraído. O passado não faz passar um dos presentes sem fazer com que o outro advenha, mas ele nem passa nem advém. Eis porque, em vez de ser uma dimensão do tempo, o passado é a síntese do tempo inteiro, de que o presente e o futuro são apenas dimensões. Não se pode dizer: ele era. Ele não existe mais, mas insiste, consiste, é. Ele insiste com o antigo presente, ele consiste com o atual ou o novo. Ele é o em-si do tempo como fundamento último da passagem. É neste sentido que ele forma um elemento puro, geral, *a priori*, de todo o tempo. Com efeito, quando dizemos que ele é contemporâneo do presente que ele *foi*, falamos necessariamente de um passado que nunca foi presente, pois ele não se forma "após". Sua maneira de ser contemporâneo de si como presente é colocar-se já-aí, pressuposto pelo presente que passa e fazendo-o passar. Sua maneira de coexistir com o novo presente é colocar-se em si, conservando--se em si, pressuposto pelo novo presente que só advém contraindo-o. O paradoxo da preexistência, portanto, completa os dois outros: cada passado é contemporâneo do presente que ele foi, todo passado coexiste com o presente em relação ao qual ele é passado, mas o elemento puro do passado em geral preexiste ao presente que passa. Há, portanto, um elemento substancial do tempo (passado que jamais foi presente) desempenhando o papel de fundamento. Ele próprio não é representado. O que é representado é sempre o presente, como antigo ou atual.

DELEUZE, G. *Diferença e repetição*. Trad. Luiz Orlandi e Roberto Machado. Rio de Janeiro: Graal, 2006, pp. 126-7.

EXERCITANDO A REFLEXÃO

1. Algumas questões para você compreender melhor o tema:

1.1. Quais são os motivos expostos por Descartes para desconsiderar o conhecimento ligado ao corpo em nome dos dados do pensamento?

1.2. Como a certeza de que pensamos define um modo de compreender a consciência humana?

1.3. O que podemos extrair sobre a noção de sentir tal como Descartes a analisa no texto 1?

1.4. Como Hume descreve a natureza da experiência humana e quais são os aspectos de sua explicação que se opõem mais frontalmente à teoria cartesiana do pensamento?

1.5. Qual é o principal argumento de Bergson para vincular a consciência como "relação a si" à memória como conservação?

1.6. Em que sentido a consciência é uma ligação ou uma ponte, sempre em vias de se fazer?

2. Desmontando e montando textos:

Depois de ler o texto 3, de Bergson, podemos pensar sobre a importância da memória para definir a duração de nossa vida como uma história e os momentos de nossa vida como originais. Analisemos o texto passo a passo:

Parte 1: "Não há, aliás, tecido mais resistente nem mais substancial. Pois nossa duração não é um simples instante que substitui um instante: haveria sempre, então, apenas o presente, nada de prolongamento do passado no atual, nada de evolução, nada de duração concreta. A duração é o progresso contínuo do passado que rói o porvir e que incha ao avançar. Uma vez que o passado aumenta incessantemente, também se conserva indefinidamente."

Nessa primeira parte, Bergson defende que a duração tem consistência substancial, depois de ter mostrado que ela é a essência de nossa vida psicológica. O filósofo oferece primeiro um argumento negativo: se a duração não se conservasse em si, se fosse o mero suceder de instantes, só haveria presente. Não haveria prolongamento, o que garante a continuidade concreta da duração. A duração é progresso, e progresso significa o passado avançando e incorporando os momentos que o continuam. Ele indica ainda que a duração se concretiza como passado. O que aumenta sem cessar se conservando é o passado.

Parte 2: "A memória, como procuramos prová-lo, não é uma faculdade de classificar recordações em uma gaveta ou de inscrevê-las em um registro. Não há registro, não há gaveta, não há aqui, propriamente falando, sequer uma faculdade, pois uma faculdade se exerce intermitentemente, quando quer ou quando pode, ao passo que o amontoamento do passado sobre o passado prossegue sem trégua."

A caracterização do passado como o que se conserva reverbera sobre a noção de memória. Como "lugar" do passado, ela não pode ser definida como faculdade, gaveta ou registro, já que a conservação não está indissociavelmente ligada a esses aspectos.

Parte 3: "Na verdade, o passado conserva-se por si mesmo, automaticamente. Inteiro, sem dúvida, ele nos segue a todo instante: o que sentimos, pensamos, quisemos desde a nossa primeira infância está aí, debruçado sobre o presente que a ele irá juntar--se, forçando a porta da consciência que gostaria de deixá-lo para fora. O mecanismo cerebral é feito exatamente para recalcar a quase totalidade do passado no inconsciente e introduzir na consciência apenas aquilo que é de natureza a iluminar a situação presente, a ajudar a ação que se prepara, a resultar, enfim, num trabalho *útil*. Quando muito, algumas recordações de luxo conseguem passar de contrabando pela porta entreaberta. Estas, mensageiras do inconsciente, avisam-nos acerca daquilo que arrastamos atrás de nós sem sabê-lo."

Bergson apresenta então uma característica mais específica do passado: sua conservação que se dá de modo integral, sem saltos ou etapas; tudo o que vivemos se conserva e pressiona nossa consciência, a ponta dessa história. O passado pressiona o presente, nosso corpo, e a função do centro do organismo, o cérebro, é justamente a de empurrar o passado para fora da consciência, segundo o critério da ação útil. O presente é definido por Bergson como o útil; o passado, como o ser.

Parte 4: "Mas, ainda que não tivéssemos disso uma ideia distinta, sentiríamos vagamente que nosso passado nos permanece presente. Que somos nós, com efeito, que é nosso *caráter*, senão a condensação da história que vivemos desde nosso nascimento, antes mesmo de nosso nascimento, já que trazemos conosco disposições pré-natais? Sem dúvida, pensamos apenas com uma pequena parte de nosso passado; mas é com nosso passado inteiro, inclusive nossa curvatura de alma original, que desejamos, queremos, agimos. Nosso passado, portanto, manifesta-se-nos integralmente por seu impulso e na forma de tendência, ainda que apenas uma sua diminuta parte se torne representação."

Aqui encontramos o ápice do movimento textual e mesmo a formulação da tese em que a argumentação desemboca: o passado inteiro se conserva e se manifesta em nós sob forma não representativa – mas como tendência sintetizada por nosso caráter, imprimindo-se em nossas ações e nossas criações. Nossa singularidade é nossa história, eis outro modo de formular a conclusão obtida.

Procure recompor o texto de Bergson acrescentando a ele exemplificações na experiência psicológica de alguns fatos relevantes para a argumentação, como a conservação integral do passado e a pressão sobre a consciência.

3. Praticando-se na análise de textos:

3.1. O texto de Hume apresenta a afirmação de que pela imaginação podemos reproduzir nossas ideias de forma desordenada, ao passo que a memória seria uma faculdade que é fiel, ao recordar, à ordem pela qual as ideias apresentaram seus objetos. Como ele defende essa diferença? E como poderíamos contra-argumentar e buscar outro modo de distinguir a memória e a imaginação?

3.2. O texto de Deleuze fala em paradoxos. Uma boa sugestão para interpretá-lo é buscar o significado filosófico desse termo e analisar como a descrição do passado se faz por paradoxos. Depois dessa análise, cabe uma comparação com o texto de Bergson, levando em consideração esse pensamento por paradoxos de Deleuze.

4. Propomos na sequência um exercício de estudo comparativo de História da Filosofia:

Agostinho de Hipona (354-430), também conhecido como Santo Agostinho, desenvolveu uma fértil reflexão sobre a consciência, a memória e o tempo, baseado em sua experiência religiosa cristã e no pensamento grego, especialmente do filósofo Plotino (205-270). Sua redação, em várias ocasiões, é muito próxima às formulações dos autores estudados neste livro, principalmente Henri Bergson. Com efeito, as obras de Agostinho faziam parte do currículo de estudos filosóficos não somente de Bergson, mas também de Descartes, Locke, Berkeley e Hume. Ainda hoje elas são referências obrigatórias nos estudos de Filosofia. Propomos que você leia os textos registrados em seguida, identificando semelhanças e diferenças com os autores aqui citados. Informe-se também sobre o pensamento agostiniano e plotiniano, pois você enriquecerá sobremaneira sua cultura filosófica e aumentará seu grau de compreensão da temática da consciência e da memória.

O *"cogito"* agostiniano: engano-me, logo existo

AGOSTINHO – Se te parece bem, investiguemos segundo esta ordem: primeiro, como se mostra que Deus existe [é]; em seguida, perguntaremos se tudo o que é bom, precisamente por ser bom, provém de Deus; por fim, indagaremos se a vontade livre deve ser enumerada entre tudo o que é bom. Obtidas as respostas, mostrar-se-á suficientemente claro, segundo considero, se [a vontade livre] foi dada com acerto ao ser humano. Assim, para começar do que é inquestionavelmente manifesto, pergunto-te se tu mesmo existes [és]. Talvez tenhas algum receio ao responder a essa pergunta, a fim de não te enganares. Seja como for, se não existisses não poderia de modo algum enganar-te.

EVÓDIO – Passe ao que vem em seguida.

AGOSTINHO – Ora, porque é manifesto que existes, é também manifesto que tu vives, pois nada te seria manifesto se tu não vivesses. Inteliges esses dois dados tão verdadeiros?

EVÓDIO – Perfeitamente.

AGOSTINHO – Então, manifesta-se também este terceiro dado: tu inteliges.

EVÓDIO – Sim.

AGOSTINHO – Qual desses três dados parece-te ser o mais excelente?

EVÓDIO – A inteligência

AGOSTINHO – Por quê?

EVÓDIO – Ora, porque o ser, o viver e o inteligir são três, tanto a pedra existe [é] como o animal vive; nem por isso

83

considero que a pedra vive ou o animal intelige. É certo, porém, que quem intelige também existe [é] e vive. Por isso, não tenho dúvida ao julgar aquele ao qual os três inerem como mais excelente do que aquele ao qual falte nem que seja apenas um. Afinal, o que vive também certamente existe [é], mas daí não segue que também intelija: é o caso da vida do animal. O que, entretanto, existe [é] não tem obrigatoriamente como consequência que viva e intelija: é por isso que posso afirmar que cadáveres existem [são], mas ninguém dirá que eles vivem. Por sua vez, o que não vive muito menos intelige.

AGOSTINHO – Temos, pois, que, dos três dados, dois faltam ao cadáver; um, ao animal; nenhum ao homem.

EVÓDIO – É verdade.

AGOSTINHO – Temos também que, dos três, o melhor é o que o ser humano possui com os outros dois, ou seja, o inteligir, ao qual, quando se o possui, segue-se tanto o ser como o viver.

EVÓDIO – Obtemos isso corretamente.

AGOSTINHO DE HIPONA, *O livre-arbítrio II*, 3, 7. Tradução direta do latim por Juvenal Savian Filho, AVGVSTINVS. *De libero arbitrio*. Turnhoult: Brépols, 1984. Col. Corpus Christianorum.

O "lugar" da memória

O que amo quando amo o meu Deus? Quem é esse que está acima do ápice da minha alma? Por minha própria alma ascenderei até ele. Transcenderei a força pela qual me ligo ao corpo e encho de vitalidade seu organismo. Não é por essa força que chegarei a meu Deus, pois, se assim fosse, também a ele chegariam o cavalo e a mula, nos quais não há intelecto, embora haja a mesma força pela qual vivem também seus corpos. Há outra força, pela qual não apenas vivifico a carne que Deus produziu para mim, mas também a torno sensível, fazendo não que os olhos ouçam ou que os ouvidos vejam, mas, respectivamente, vejam e ouçam, assim como aos outros sentidos, dando-lhes suas sedes e suas funções. Eu, espírito uno, opero diversamente por meio dos diversos sentidos. Transcenderei também essa minha força; afinal, o cavalo e a mula a possuem; sentem, com efeito, por meio do corpo. Transcenderei esta minha natureza, ascendendo gradualmente até aquele que me fez, e chego aos campos e largos palácios da memória, onde estão inumeráveis tesouros de imagens de todos os tipos de coisas sensíveis. Aí está depositado também tudo o que pensamos, seja aumentando, seja diminuindo, seja operando qualquer outra variação no que os sentidos obtiveram [...]. Quando estou aí, convoco o que quero; alguns dados apresentam-se imediatamente; outros fazem-se esperar, sendo como que arrancados de receptáculos mais abscônditos. Outros, mesmo não sendo procurados e chamados, mostram-se em turbilhão, como se dissessem: "Acaso não somos nós [que procurais]?" Com a mão de meu coração, afasto-os de minha recordação, para que se desanuvie o que procuro e emerja diante de mim. Outros dados aparecem em série imperturbada; os anteriores cedem aos posteriores, e, cedendo, são conduzidos, quando quero, para lá de onde saíram. [...] O que ocorre quando nomeio o esquecimento e sei ao mesmo tempo o que nomeio? Como o saberia se não me lembrasse? Não me refiro aqui ao som do termo que digo, mas à coisa que ele significa: se eu a tivesse esquecido, de que valeria aquele som? Certamente não valeria para conhecer. Portanto, quando me lembro da memória, a própria memória, por si mesma, é imediata a si mesma. Quando, porém, me lembro do esquecimento, tanto a memória como o esquecimento são imediatos: a memória, pela qual me lembro; o esquecimento, que lembro. Ora, o que é o esquecimento senão a privação da memória? Como, porém, pode ele

se dar, a fim de que eu dele me lembre, quando, se ele se
dá, não posso lembrar?

> AGOSTINHO DE HIPONA, *Confissões* X, 7-8 e 16. Tradução
> direta do latim por Juvenal Savian Filho, AVGVSTINVS.
> *Confessionum libri xiii.* Turnhoult: Brépols, 1998.
> Col. Corpus Christianorum.

O tempo, o passado, o presente e o futuro

O que, então, é o tempo? Quem o explicará com facili-
dade e brevemente? Quem o compreenderá, mesmo que
pelo pensamento, a fim de proferir uma palavra sobre
ele? No entanto, o que evocamos de mais familiar e de
mais conhecido em nossas conversas do que o tempo?
E o inteligimos, quando dele falamos, assim como o
inteligimos quando o ouvimos dito por alguém. O que
é o tempo? Se ninguém me pergunta, eu sei; mas, se
quero explicá-lo a alguém que pergunta, não sei. Entretanto, digo com segurança saber que, se nada pas-
sasse, não haveria tempo passado, e, se nada adviesse,
não haveria tempo futuro, e, se não houvesse nada, não
haveria tempo presente. Como são esses dois tempos, o
passado e o futuro, quando o passado já não existe [é]

e o futuro ainda não existe [é]? O presente, por sua vez, se sempre fosse presente, não iria para o passado; sequer seria tempo, mas eternidade. Se, então, o presente, para ser tempo, torna-se tal – porque vai para o passado –, como dizemos que ele existe [é], ele que, para ser, tem como causa a mesma pela qual ele não será? Seremos então levados a dizer que o presente não é um tempo, salvo porque tende ao não ser? Todavia, falamos de tempo longo e tempo breve, e não o fazemos a não ser falando do passado ou do futuro. Chamamos de tempo longo passado, por exemplo, cem anos atrás; tempo longo futuro, cem anos adiante. Tempo breve passado, por sua vez, serão dez dias antes; tempo breve futuro, dez dias depois. Mas, com base em que é longo ou breve o que não é? O passado, com efeito, já não é, e o futuro ainda não é. [...] Vejamos, então, ó alma humana, se o tempo presente pode ser longo, pois a ti foi dado sentir e medir as demoras. O que me responderás? Cem anos presentes são um tempo longo? É preciso ver, antes, se cem anos podem ser presentes. Se o primeiro deles transcorre, ele é presente, ao passo que os noventa e nove são futuros, e, por isso, não são. Se transcorre o segundo ano, um já é passado; outro, presente; os outros, futuros. [...] Se o que se intelige do tempo pudesse não ser dividido em mínimas ou diminutíssimas partes de momentos, eis o que unicamente se diria presente, o que, todavia, voa tão velozmente do futuro ao passado, que não se estende por nenhuma mínima demora. Afinal, se o presente se estende, divide-se no passado e no futuro: mas o presente não tem nenhum espaço.

> AGOSTINHO DE HIPONA, *Confissões* XI, 14. Tradução direta do latim por Juvenal Savian Filho, AVGVSTINVS. *Confessionum libri xiii*. Turnhoult: Brépols, 1998. Col. Corpus Christianorum.

4.1. Preste especial atenção ao vocabulário de Agostinho, pois ele pode trazer dificuldades de compreensão. Ele usa, por exemplo, o verbo *intellegere*, que geralmente se traduz em português por "entender" e "compreender". Mas, em português, "entender" pode evocar conotações modernas que não estão no texto agostiniano. Por outro lado, Agostinho também emprega o verbo *comprehendere*, "compreender". Observe que ele não o usa no excerto de *O livre-arbítrio*, mas o usa no das

Confissões. Compare os dois termos e seus empregos. Optamos, então, por traduzir *intellegere* por "inteligir", que indica nosso ato de conhecer, conceber algo, sem, no entanto, esgotar sua compreensão. Essa opção já começa a ganhar registro em alguns dicionários da língua portuguesa, pois tem se tornado comum no vocabulário filosófico, especialmente ligado aos autores medievais latinos e aos temas metafísicos. Outro termo que merece atenção especial é o verbo "ser", usado como sinônimo de "ente" ("o que é", "o que existe") e como substantivo, indicando a condição geral de tudo o que existe.

4.2. Outro elemento importante a considerar é o modo como Agostinho fala de "excelência", pois não há um sentido preeminentemente moral, como ocorre ao ouvirmos hoje esse termo. Seu sentido é metafísico e relaciona-se à plenitude no ser: um ser será mais "excelente" quanto mais "ser" ele possuir, quanto mais sofisticado for na ordem dos seres. Diminuída a conotação moralizante à qual o vocabulário filosófico do senso comum está excessivamente exposto, pode-se ter melhor compreensão do texto de Agostinho.

4.3. Uma vez feita a análise dos textos agostinianos e a comparação com o pensamento dos autores estudados neste livro, levantando semelhanças e diferenças, reflita:

4.3.1. É fácil falar de "progresso" na História da Filosofia, de modo que os autores mais antigos seriam "superados" e apenas os mais recentes teriam reflexões atualizadas, mais "corretas" e mais "pertinentes"? Argumente.

4.3.2. Você considera possível dizer que Agostinho e Bergson captaram uma faceta da experiência humana que está acima de qualquer possibilidade de refutação? Argumente.

5. Agora, algumas questões abertas para você refletir:

5.1. O que se passa conosco quando sonhamos? Como a memória estaria agindo nesse tipo de estado mental?

5.2. Em várias ocasiões, uma lembrança ressurge em nossa consciência contra a nossa vontade. O que esse fenômeno indica? Como ele se encaixaria nas distintas explicações sobre o trabalho da memória que expusemos?

5.3. Concluindo nosso estudo sobre a consciência e sua relação com a memória, analise como os pensadores contemporâneos ultrapassaram os limites da racionalidade como guia para o exercício filosófico.

5.4. Diante da reflexão feita neste livro, como entender, justificar ou refutar o discurso médico (principalmente neurocientífico) segundo o qual há uma "região" para a consciência no cérebro?

DICAS DE VIAGEM

Para você continuar sua viagem pelo tema da consciência como memória, sugerimos:

1. Assista aos seguintes filmes, considerando as reflexões que fizemos neste livro:

> **1.1.** *Brilho eterno de uma mente sem lembranças* (*Eternal Sunshine of the Spotless Mind*), direção de Michel Gondry, EUA, 2004.
>
> **1.2.** *Amnésia* (*Memento*), direção de Christopher Nolan, EUA, 2000.
>
> **1.3.** *A origem* (*Inception*), direção de Christopher Nolan, EUA, 2010.
>
> **1.4.** *Johnny vai à guerra* (*Johnny Got his Gun*), direção de Dalton Trumbo, EUA, 1971.
>
> **1.5.** *Persona*, direção de Ingmar Bergman, Suécia, 1966.
>
> **1.6.** *Morangos silvestres* (*Smultronstället*), direção de Ingmar Bergman, Suécia, 1957.

1.7. *Noivo neurótico, noiva nervosa* (*Annie Hall*), direção de Woody Allen, EUA, 1977.

2. Algumas obras literárias para ilustrar nossa reflexão:

2.1. *Em busca do tempo perdido*, de Marcel Proust. Clássico monumental da literatura mundial; um tratado sobre o tempo, nosso modo de relação com ele pela memória e sobre a busca de si mesmo. São sete volumes. Recomendamos especialmente o primeiro, *No caminho de Swann*, e o último, *O tempo redescoberto* (Companhia das Letras, 2001).

2.2. "Funes, o Memorioso", conto de Jorge Luis Borges publicado no livro *Ficções*, de 1944 (Companhia das Letras, 2007).

2.3. *Os artistas da memória*, de Jeffrey Moore. Trata-se de um livro despretensioso, repleto de humor, que explora caricaturas modernas de pessoas preocupadas com a saúde da mente (Record, 2009).

3. Pinturas ou obras de arte

    1) Salvador Dalí (1904-1989)

Sugerimos que você observe um quadro famoso do pintor surrealista Salvador Dalí, pintado em 1931 e exposto atualmente no Museu de Arte Moderna de Nova York. A pintura denomina-se *A persistência da memória*, mas também é conhecida por *Relógios moles*. Procure ver no quadro referências à fluidez do tempo e elementos que se relacionem ao título que ele deu à obra, no qual o termo "persistência" contrasta visivelmente com a dissolução sugerida pelas formas dos relógios. Tente estabelecer relações com as reflexões de Bergson sobre o papel da memória na vida e na consciência, assim como a crítica que encontramos em sua filosofia sobre concepções espaciais da memória e do tempo. O quadro pode ser visualizado pela internet em: http://www.moma.org/collection/object.php?object_id=79018

Em seguida, observe o quadro pintado pelo artista em 1952-1954, *A desintegração da persistência da memória*, que é uma retomada do quadro anterior, agora tratando o tema a partir da forte ideia de desintegração, referida à era nuclear própria ao século XX. A água e as transformações de partes do cenário do quadro anterior indicam relações entre a fugacidade, o tempo e a imaginação. Procure explorar as sugestões do quadro em relação à reflexão de Bergson. O quadro pode ser visualizado pela internet em: http://en.wikipedia.org/wiki/The_Disintegration_of_the_Persistence_of_Memory

2) Christian Boltanski (1944-)

Christian Boltanski, um dos principais artistas franceses contemporâneos, atua em diversas formas de criação: pintura, fotografia, instalações, vídeos e até performances. Seus temas recorrentes são a identidade, tomada no jogo entre singularidade e anonimato, a memória, a vida e a morte. Algumas de suas obras, sobretudo instalações, retratam pessoas desaparecidas; outras expressam a generalidade da vida nas fotos diversas de homens comuns, como é o caso de *O álbum de fotografias da família de Berlim*. Outras, ainda, mobilizam objetos de sua infância que remetem à infância de todos nós. Ele tematiza, numa das fases de sua obra intensa e consistente, a sacralidade de cada ser humano em contraste com a violência desumanizadora que dissolve todo direito à vida, individual e coletiva – as obras *Monument (Odessa)* e *Relicário* são as referências aqui. As vítimas das guerras têm presença em obras fortes e impactantes, permeadas de tristeza e melancolia. A instalação *Resérve des musées des enfants I e II*, realizada em 1989, e a impressionante instalação *Persones*, de 2009, são exemplos impactantes dessa tendência do artista. Sugerimos visitas virtuais a suas obras, pensando no papel da memória em nossa identidade.

4. Poema

MEMÓRIA

Amar o perdido
deixa confundido
este coração.

Nada pode o olvido
contra o sem sentido
apelo do Não.

As coisas tangíveis
tornam-se insensíveis
à palma da mão.

Mas as coisas findas,
muito mais que lindas,
essas ficarão.

Carlos Drummond de Andrade, "Memória".
In: *Claro enigma*. São Paulo: Companhia das Letras, 2012.
Carlos Drummond de Andrade © Graña Drummond
www.carlosdrummond.com.br

LEITURAS RECOMENDADAS

As obras que estão na base de nossas reflexões, neste livro, são:

BERGSON, Henri. *A energia espiritual*. Trad. Rosemary C. Abílio. São Paulo: Martins Fontes, 2006.
  Coletânea de conferências que exploram as consequências de sua teoria da memória no tratamento de temas ligados à Psicologia e à Metafísica.
———. *Matéria e memória*. Trad. Paulo Neves. São Paulo: Martins Fontes, 1999.
  Estudo denso e original sobre o dualismo psicofísico, em que Bergson desenvolve suas principais teses sobre a experiência humana mista de matéria e espírito, concentrando a solução do clássico problema no campo preciso dos fenômenos de memória.
DELEUZE, Gilles. *Diferença e repetição*. Trad. Luiz Orlandi e Roberto Machado. Rio de Janeiro: Graal, 2006.
  Considerada a primeira obra em que Deleuze estaria desenvolvendo sua própria filosofia, expõe magistral-

mente a sua apropriação da teoria bergsoniana da memória para pensar a diferença.

DESCARTES, René. *Princípios de filosofia.* Vários tradutores. Rio de Janeiro: UFRJ, 2002.

Recomendamos a tradução bilíngue. Nessa obra Descartes expõe suas principais teses na ordem não mais de sua descoberta, mas de seu encadeamento efetivo na ordem das coisas.

HUME, David. *Tratado da natureza humana.* Trad. Déborah Danowski. São Paulo: Unesp, 2011.

Obra capital do empirismo inglês.

SANTO AGOSTINHO. *Confissões.* Trad. Maria Luiza Jardim Amarante. São Paulo: Paulus, 2000.

Obra maior de Agostinho de Hipona, em que ele narra sua trajetória de conversão não apenas "religiosa", como se diz, mas "espiritual", envolvendo cristianismo, filosofia e literatura greco-latina.

———. *O livre-arbítrio.* Trad. Nair de Assis Oliveira. São Paulo: Paulus, 1990.

Obra em que Agostinho de Hipona procura entender a existência do mal no mundo, de uma perspectiva cristã, refletindo por conseguinte sobre o tema da liberdade e do livre-arbítrio. Nela aparece a formulação que ficou conhecida como o "cogito" cartesiano.

Também sugerimos:

BEAUREGARD, M. & O'LEARY, D. *O cérebro espiritual*. Trad. Alda Porto. Rio de Janeiro: Best Seller, 2010.

O neurocientista canadense Mario Beauregard adota a mesma abordagem experimental e mecanicista da vida psíquica para entender como o cérebro processa vivências religiosas e espirituais. Suas conclusões vão na contramão da maioria dos neurocientistas, que limitam a experiência religiosa a um artefato cerebral, patologia ou peculiaridade evolucionista. É uma leitura instigante para pôr em debate a tendência hegemônica que associa vida psíquica a vida cerebral.

CHURCHLAND, P. M. *Matéria e consciência*. Uma introdução contemporânea à filosofia da mente. São Paulo: Unesp, 2004.

Compêndio de introdução à filosofia da mente em vertente cognitiva, extraindo os impactos dessa abordagem em temas ontológicos, epistemológicos e éticos.

DELEUZE, Gilles. *Bergsonismo*. Trad. Luiz Orlandi. São Paulo: Editora 34, 1999.

Um estudo sintético e denso sobre a filosofia de Bergson, em que encontramos as direções mais relevantes para a reflexão sobre a diferença empreendida por Deleuze.

Uma obra de interpretação original e assumidamente criadora de conceitos, que funciona, ao mesmo tempo, como texto de comentários esclarecedores sobre passagens cruciais das obras de Bergson.

GILSON, E. *Introdução ao estudo de Santo Agostinho.* Trad. Cristiane Negreiros Abbud Ayoub. São Paulo: Discurso, 2007.

Obra clássica em que o pensador francês Etienne Gilson faz uma apresentação de conjunto do pensamento de Santo Agostinho. Nela, o leitor pode encontrar a maioria dos temas tratados pelo bispo de Hipona.

HORGAN, J. *A mente desconhecida: por que a ciência não consegue replicar, medicar e explicar o cérebro humano.* Trad. Laura Teixeira Motta. São Paulo: Companhia das Letras, 2002.

O autor é um respeitado jornalista científico dos Estados Unidos e analisa as principais linhas de pesquisa da ciência da mente (neurociência, genética comportamental, psicanálise, psicologia evolucionista, engenharia da inteligência etc.), tirando a conclusão desconcertante de que estamos longe de decifrar o enigma da mente humana.

JONAS, H. *Matéria, espírito e criação. Dados cosmológicos.* Trad. Wendell Evangelista Soares Lopes. Petrópolis: Vozes, 2010.

O pensador Hans Jonas procura resgatar a "dignidade" da Filosofia por meio do restabelecimento de sua vocação a pesquisar o ser da Natureza e a natureza do ser.

MERLEAU-PONTY, M. *Fenomenologia da percepção*. Trad. Carlos Alberto R. de Moura. São Paulo: Martins Fontes, 1994. *Numa outra direção da filosofia contemporânea, a obra capital do fenomenólogo tem notáveis pontos de convergência com a reflexão sobre a consciência e o tempo empreendida por Bergson. Os capítulos sobre o corpo e sobre a temporalidade servem de contraponto à crítica da representação levada a cabo por Deleuze, explicitando como o bergsonismo pôde servir de pano de fundo às árduas questões do século XX francês.*

NICOLELIS, M. *Muito além do nosso eu*. Tradução do autor. São Paulo: Companhia das Letras, 2011. *O autor é um respeitado cientista brasileiro que está à frente do laboratório de engenharia cerebral na Universidade Duke, nos Estados Unidos. Nessa obra, apresenta resultados de algumas de suas pesquisas mais impactantes em torno da conexão entre cérebro e máquina.*

PINKER, S. *Como a mente funciona*. Trad. Laura Teixeira Motta. São Paulo: Companhia das Letras, 2002. *O autor é considerado um dos mais importantes cientistas cognitivos da atualidade. Nessa obra, em estilo mais acessível, procura explicar a mente humana a partir da teoria da evolução das espécies, de Darwin, e da moderna ciência cognitiva, concebendo a vida psíquica como um conjunto de mecanismos. É uma visão oposta à concepção bergsoniana, que se esforçava por mostrar que a vida psíquica não se reduz à vida cerebral.*

SACKS, O. *Um antropológo em Marte.* Trad. Bernardo Carvalho. São Paulo: Companhia das Letras, 1995.

Livro muito instigante em que o autor, neurologista, recolhe uma série de relatos em que pessoas sofreram acidentes que atingiram o cérebro ou possuem "más formações" e, no entanto, seu organismo readaptou-se às condições, produzindo uma vida mental inteiramente saudável. Há, por exemplo, o relato de um pintor que, depois de um acidente de automóvel, passou a ver o mundo em escalas de cinza, sem, por isso, deixar a pintura. Há também o relato do próprio autor, que sofre da síndrome de La Tourette e, no entanto, tornou-se um dos melhores neurocirurgiões dos Estados Unidos, além de ser piloto de avião nas horas livres.

VIEILLARD-BARON, J.-L. *Compreender Bergson.* Petrópolis: Vozes, 2007.

Obra de introdução ao pensamento de Bergson, com apresentação de sua vida e de seu impacto na história da Filosofia, principalmente pelo viés da unidade da vida, que só pode ser captada de maneira também vital e não por uma inteligência que cinde a realidade.

IMPRESSÃO E ACABAMENTO

YANGRAF

GRÁFICA E EDITORA LTDA.
WWW.YANGRAF.COM.BR
(11) 2095-7722